AMBULANCES

DES

COMITÉS RÉPUBLICAINS

APPEL AU COMITÉ CENTRAL

AU NOM DE QUATRE CITOYENNES

ORGANISATION D'UNE AMBULANCE

POUR VINGT LITS

PARIS

LOUIS HURTAU, LIBRAIRE,

GALERIES DE L'ODEON.

1870

AVERTISSEMENT.

Les quelques personnes qui parcourront cette brochure verront, du premier coup, qu'elle n'a point été écrite pour être publiée. Nous devons donc dire, et cela avec joie, qu'un grand nombre s'étant intéressés au succès de notre œuvre, nous avons dû ouvrir à tous le sanctuaire; car la loi suprème de la Démocratie est de ne rien cacher, parce qu'elle n'a rien à craindre.

AMBULANCES

DES COMITÉS RÉPUBLICAINS

APPEL

AU COMITÉ CENTRAL REPUBLICAIN DE PARIS

Lu dans la séance du 2 octobre 1870, Place de la Corderie,
attaqué par le citoyen Dupas,
ET REPOUSSÉ A L'UNANIMITÉ, MOINS QUATRE VOIX.

CITOYENS DÉLÉGUÉS,

C'est dans les grands événements que l'on reconnaît la valeur des hommes et l'importance des partis.

L'idée mystique s'est emparée de la *Convention de Genève;* l'esprit français a fondé *l'ambulance de la Presse;* le gouvernement, les *ambulances municipales;* la confraternité, les *ambulances de la Garde nationale.*

Le Comité central républicain de Paris ne s'est point encore prononcé. Voulez-vous que l'on dise qu'il n'a ni moralité, ni intelligence, ni politique, ni patriotisme?

Quant à moi, philanthrope, je me refuse à le croire. Sur la demande de quatre citoyennes, je me suis mis à l'œuvre pour dresser un projet d'ambulance empreint des idées du plus pur républicanisme, *res publica,* que nous présentons à votre jugement.

Je vois écrit sur les murs de votre salle :

HOMMES, AUX REMPARTS ! FEMMES AUX AMBULANCES !

et vous tous, républicains, chefs élus ou soldats volontaires, marchez à l'ennemi ou l'attendez sous les armes.

Qu'avez-vous fait des femmes républicaines?...

Elles sont allées tristes et isolées, à la voix de leur cœur, servir sous différentes bannières à la glorification d'ambitions personnelles, et vous avez mêlé le bon grain et l'ivraie.

On vous a reproché de faire appel aux passions.

Honte à qui reste froid en semblables détresses! Et moi aussi je fais appel aux passions des femmes pour le bien; mais elles ne veulent pas qu'on leur dérobe leur part d'honneur, et quand les Français ont des Bretons; les Allemands, des Wurtembergeois, elles veulent que les ambulances aient des républicaines.

On vous dit : le comité central républicain n'a plus de raison d'être après les élections municipales. Eh quoi! ne seriez-vous que des brocanteurs d'élections, des fabricants de bulletins? Où sont-ils ceux qui prétendent marquer le jour et l'heure où le peuple n'aura plus à veiller ni à s'instruire? Serait-ce, par hasard, le jour où ils seront élus?...

Soyons unis, nous serons forts, dites-vous.

Et nous venons vous dire : n'ayons qu'une pensée et qu'un trésor. Établissons des ambulances avec des quêtes *au nom des Comités républicains* dans les vingt arrondissements de Paris; qu'elles soient centralisées dans une caisse unique rue Turbigo, 78, où vient de naître la première ambulance du Comité républicain du IIIe arrondissement. Il ne tient qu'à vous qu'elle grandisse et en enfante d'autres. Vous trouverez dans mon rapport aux quatre citoyennes qui ont pris l'initiative et qui m'ont chargé de vous faire cet appel, les moyens de l'organiser.

Des actes! des actes!

En commençant par commissionner un chirurgien, un administrateur, un caissier et les quatre citoyennes qui n'ont pas craint de soulever ce pénible fardeau, en femmes courageuses et républicaines.

Paris, le 30 septembre 1870.

Nota. Le comité central, tout en écartant la question des ambulances, a autorisé les Républicaines à quêter dans ses réunions populaires.

RAPPORT

A Mmes BERNARD, SAUVAGEAU, NOUGIER ET ENNERY

*Sur l'organisation de la première ambulance
des Comités républicains de Paris, rue Turbigo, 78,*

Pour vingt lits.

CITOYENNES,

Quand vous allez recueillir partout les offrandes aux blessés, vous tendez la main à la Vertu, mais non pas à l'Aumône.

Il n'y a plus en France ni pauvres ni riches, il n'y a que des infirmières, des soldats, des malades et des enfants.

Chacun doit avoir fait le sacrifice de sa vie, sous peine de trahison, et l'on ne saurait donner sa vie et garder sa fortune.

Il y a suspension de la morale qui dit : Tu ne tueras point ; mais, femmes, vous restez encore dans la justice qui dit : Ne demande que ce que tu es en droit d'exiger.

Vous répudiez la charité, parce que vous reconnaissez l'égalité. Vous remplacez la croix, symbole du supplice et de la mort, par le niveau, symbole du travail. Et, en effet, c'est avec l'équerre que nous avons vaincu les intempéries, c'est avec le pendule que nous avons pesé les mondes.

Comme au temps de David, les mêmes lois régissent les sphères et les hommes, mais tout marche, et de même que la fronde est devenue l'obusier, l'amour et la charité sont devenus science et conscience.

De celui qui mange est sorti la nourriture, et du fort est sorti la douceur, dit la légende ; il sortira aussi un grand enseignemement de ces temps désastreux ; les peuples se réjouiront, car la nature a des tressaillements de joie, mais elle n'enfante rien sans travail ni douleur.

A l'œuvre donc, infirmières, dignes filles des valeureuses Gaules, vous que l'universelle HARMONIE a destinées à soigner et guérir l'homme aussi bien qu'à lui donner la vie.

Description du local.

Le local est accordé gratuitement, par le propriétaire, à la mairie du IIIe arrondissement pour y établir une ambulance.

Le Comité républicain de Paris s'est chargé de cette installation par *voie coopérative.*

Il faut à cette ambulance de vingt lits :

1° La plus grande salle pour le *pansement* ;

2° Une petite salle renfermant la *pharmacie* et un lit de sangle pour les *opérations ;* si la place manquait, on pourrait y installer également la *lingerie ;*

3° Une *cuisine-laboratoire ;*

4° Un *économat ;*

5° Une *cave* et un *charbonnier* (on se ménagera, si l'on peut, un *étendoir*).

Il faut des meubles, du linge, des médicaments, de l'argent, un personnel ; partant il y a responsabilité, ce qui implique loyauté, ordre, en un mot *administration.*

Personnel.

On entend par *personnel* d'une administration les personnes qu'elle a commissionnées et qui, par conséquent, doivent remplir tous les devoirs qui leur sont imposés par le *règlement.*

Il peut être ainsi composé :

Un *chirurgien ;*

Un *administrateur* nommé par le Comité central républicain et accepté par tout le personnel ;

Un *économe* installé par le Comité ; il sera, au besoin, suppléant de l'administrateur ;

Une citoyenne, chargée de la pharmacie et de la surveillance des salles, remplissant le rôle d'*interne,* en l'absence du chirurgien ;

Une deuxième citoyenne chargée de la *lingerie ;*

Une troisième, chargée des *quêtes*, soit à domicile, soit aux réunions publiques ;

Une quatrième, chargée d'aider ou de *suppléer* à l'une des autres, en cas d'insuffisance ou d'impossibilité.

Ces quatre citoyennes doivent être commissionnées par le Comité central républicain.

Chacune d'elles fera le service de nuit et le laboratoire à tour de rôle, ou présentera une substituante.

Elles s'adjoindront deux hommes, l'un pour le service de jour, l'autre pour le service de nuit.

Pour les dépenses du personnel, nous compterons 4 couverts par jour à 2 fr., fait 8 fr., soit pour 60 jours.   480.00

Chauffage et Éclairage.

750 kilog. de charbon de terre pour la cuisine, à 6 fr. les 100 kilog., se décomposant comme suit :

250 gr. par jour, soit 00 fr. 75 cent. pendant 60 jours.....   45.00

22 hect., 50 litres de coke pour le chauffage de jour èt de nuit (température, 15° cent.), à 2 fr. l'hectolitre.

Se décomposant comme suit :

75 litres par 24 heures, à 1 fr. 50, pendant 30 jours......   45.00

72 kilog. d'huile à brûler à 1 fr. 60,

Se décomposant comme suit :

4 lampes modérateurs 12 lignes, à 300 grammes le bec pour 12 heures, les 4: 1,200 grammes, soit 1 fr. 92 par jour pendant 60 jours. 115.20

Bougie ou lampe pour les coureurs.

0 fr. 25 par jour pendant 60 jours, fait. 15.00

____

220.20

Salle de pansement.

60 draps pour 20 lits.

6 toiles cirées de la dimension des matelas.

12 essuie-mains.

40 serviettes.

Des alaises pour placer sous les membres blessés et ménager les draps.

12 bourrelets de balles d'avoine ou de son, depuis la dimension d'un oreiller ordinaire un peu plus long que large, jusqu'à celle d'une pelotte d'épingles.

3 bandes de vieille toile de 10 mètres de long sur 0,06 de large.
3 bandes   id.   de 10 mètres   id.   0,03 à 0,04.
6 bandes   id.   de 1 m. 50   id.   0,20 à 0,25.
Ces dernières à double et cousues sur les bords; elles servent à soutenir les jambes et les bras cassés.
6 camisoles dans le genre de celles des femmes.
Chemises d'hommes.
Chemises à dos échancrés.
Bonnets de coton.
Sangles de différentes longueurs sur 0,05 de large, pour maintenir les attelles.
Une quantité illimitée de charpie de deux natures, fine et grosse.

Pour tout ce qui constitue les appareils spéciaux, fort dispendieux, on peut demander à l'Intendance militaire sa coopération, attendu qu'ils doivent retourner aux hôpitaux : une ambulance n'est que passagère.

Il est impossible de fixer un chiffre, même approximatif, pour le coût de la salle de pansement, tous les objets provenant de *coopérateurs directs*, mais on peut hardiment porter à :

100 francs les dépenses ultérieures inévitables, ci........ 100.00
Ne comptons pour blanchissage que 6 paires de draps par jour, à 40 cent., fait 2 fr. 40, soit 3 fr. pour 40 jours, ci..... 120.00
Il est évident que ce chiffre devrait être triplé, si l'on ne trouvait pas de coopérateurs directs.
Savon, potasse, etc., pour différents usages, ci. 40.00
                                                               ____
                                                               260.00

Pharmacie. — Chirurgie.

Je donne ici une liste, à peu près complète, de tous les médicaments employés actuellement dans une ambulance bien établie.

Rhum	6 litres.			
* Vin aromatique	6 litres.			
* Alcool pur.	4 litres.			
* Alcool camphré	6 litres.			
* Extrait de Saturne	4 litres.			
* Huile d'olives	2 flacons de 500 grammes.			
* Huile de ricin.	4 flacons de 250	—		
* Ammoniaque liquide. . . .	6 flacons de 100	—		
Acétate d'ammoniaque . . .	4 flacons de 50	—		
* Acide phénique	4 flacons de 500	—		
* Chloroforme.	2 flacons de 200	—		
Ether sulfurique.	4 flacons de 100	—		
* Laudanum Sydenham. . . .	2 flacons de 150	—		
Emétique pulvérisé.	8 doses de 5	—		
Iodure de plomb.	4 flacons de 15	—		
Iodure de potassium.	6 flacons de 100	—		
Magnésie calcinée.	10 flacons de 100	—		
* Perchlorure de fer.	2 flacons de 300	—		
Teinture d'iode	10 flacons de 100	—		
* Teinture de quinquina . . .	2 flacons de 500	—		
Teinture de digitale. , . . .	4 flacons de 100	—		
Calomel à la vapeur.	4 flacons de 30	—		
Alcoolat de mélisse comp.	4 flacons de 100	—		
* Sous-nitrate de bismuth. . .	4 flacons de 100	—		
Extrait de belladone	4 doses de 10	—		
Extrait d'opium	2 doses de 10	—		
Sulfate de quinine.	2 doses de 30	—		
Glycérine	2 flacons de 250	—		
Collodion.	1 flacon de 100	—		
* Dextrine.	4 flacons de 500	—		
Fleurs d'arnica	6 paquets de 250	—		
* Fleurs de mauve	12 paquets de 200	—		
* Fleurs de camomille	12 paquets de 200	—		
* Fleurs de tilleul.	12 paquets de 200	—		
* Thé. . . . . , ...	2 paquets de 500	—		
Orge perlé, ...	4 paquets de 500	—		

Amidon pulvérisé.	4 paquets de 500 grammes.	
Charbon pur.	2 paquets de 500	—
Quinquina gris pulvérisé. .	2 paquets de 500	—
* Camphre pulvérisé	12 paquets de 250	—
* Sulfate de soude.	4 paquets de 250	—
Sulfate de fer ordinaire. . .	4 paquets de 5 kilos.	
* Chlorure de chaux sec . . .	4 pots de 2 kilos.	
* Cérat.	6 pots de 200 grammes.	
· Étoupe.	1 paquet de 10 kilos.	
Ouate.	8 paquets de 500 grammes.	
Cire jaune.	2 pains de 500	—
Sparadrap diachyllum . . .	10 rouleaux.	
Attelles assorties.	4 jeux.	
Taffetas gommé	8 pièces.	
Seringues	2.	
Urinoirs en étain	4.	
Bassins plats.	2.	
Gouttières pour jambes. . .	2 paires.	
Gouttières pour bras	2 paires.	
Tubes à drainage en caoutchouc vulc.	6.	
Éponges fines pour pansement.	12.	

L'achat de ces médicaments ou appareils comporterait une dépense totale d'environ 300 francs.

Il est indispensable d'avoir une simple boîte ouverte pour le service des salles de pansement et une seconde contenant perchlorure de fer, charpie, bandes, etc., les instruments de chirurgie habituels, pour la voiture d'ambulance qui sera, de plus, munie de deux brancards.

Comptons pour le prévu et l'imprévu 100 francs.

J'ai omis le sucre que l'on pourrait obtenir gratuitement ; on peut en fixer la quantité à 60 kilos.

La quêteuse fera ses efforts pour réunir 300 bouteilles de Bordeaux.

Mais nous compterons : vin ordinaire, une pièce de 228 litres, 150 francs.

Nota. Nous avons marqué d'un astérisque les médicaments les plus indispensables.

Les blessés.

Le Comité républicain affirmant la puissance du socialisme qui a pour objectif la Liberté et l'Initiative individuelles, repousse l'intervention de l'Autorité, tout en se soumettant aux lois du pays.

Son devoir est donc de recueillir les blessés sur le champ de bataille et de se signaler partout par son esprit de justice, sans distinction de religion ni de nationalité.

Il doit subvenir seul à la nourriture de ses malades.

20 hommes à 2 francs par jour, fait 40 francs, soit pour 40 jours.. . . . . 1,600 fr. 00

La voiture de l'ambulance sera montée par quatre hommes, dont un infirmier. Il serait très-désirable que l'une des quatre citoyennes commissionnées, l'interne, se joignît à eux.

L'un des commissionnés du comité, attaché à l'ambulance, devra connaître à la fois le français et l'allemand pour servir d'interprète. La langue anglaise ne serait pas inutile.

Les ministres de la religion, quel que soit le dieu qu'ils servent, auront accès près du malade qui les aura demandés, et seront reconduits immédiatement après leur devoir accompli.

On ne délivrera de tabac que sur la demande réitérée des blessés et avec l'autorisation du chirurgien en chef.

L'économat.

Le comité central républicain de Paris possède une force énorme, incalculable, mais à une seule condition : c'est qu'il soit lui-même, c'est-à-dire l'association de tous les républicains des vingt arrondissements.

Quoi qu'on en dise, il n'y a que deux catégories d'hommes : ceux qui veulent vivre de leur travail et ceux qui veulent vivre du travail d'autrui.

Les premiers, sont *Républicains ;* les seconds, sont *Autoritaires.*

Ceux-ci vous parlent de *liberté libérale*, de *vérité vraie* ; les républicains répondent : la liberté limitée par un parti n'existe pas ; la vérité mensongère est une ineptie.

Elles sont ou elles ne sont pas.

Il est incontestable que la puissance républicaine, c'est-à-dire *productrice*, manque de cohésion : de là sa faiblesse.

La pensée intime d'une société se dévoile dans ses institutions, comme celle des individus se traduit par des actes.

Si le Comité central républicain de Paris est impuissant à réunir trois ou quatre mille francs pour fonder une ambulance de vingt lits, c'est qu'il est à la fois dépourvu de sens moral et de sens politique.

Alors les Français républicains, éclairés et énergiques, n'ont plus qu'à abandonner Paris à une race de métis dépravés et avilis, à des étrangers et à des filles, et à tourner leurs regards vers Lyon, Marseille, Toulouse, pour y chercher le salut de la liberté et de l'honneur des Gaules.

Essayons donc de donner au Comité central les moyens de faire une chose utile avec ses seules ressources.

Une quête sera faite : *Pour l'ambulance des comités républicains*, à la fin de chaque séance des comités dans les vingt arrondissements.

On préviendra à la fin de chaque séance que l'on ne reçoit qu'une pièce de 5 ou 10 centimes par personne, parce que des réunions ont lieu tous les jours. On agira dans le même esprit auprès de ceux qui ont déjà donné pour les ambulances.

Il serait à désirer que l'on frappât, en forme de jeton, un timbre en papier-carte du diamètre d'un décime, timbre appartenant au Comité central, et qui serait remis à celui qui donne 5 ou 10 centimes, afin d'éviter toute confusion avec d'autres ambulances.

On ne recueillerait, par impossible, que 40 sous par arrondissement, que cela donnerait 40 francs par jour.

Le produit des quêtes sera porté par l'un des délégués au Comité central, et de là remis au caissier de l'ambulance, rue Turbigo, qui en donnera quittance.

A partir de 10 centimes, on ne recevra que 50 centimes, 1 fr., 1 fr. 50, 2 fr., quand faire se pourra, avec quittances aux donataires préparées à l'avance.

Aucun don, en argent ou en nature, dépassant la valeur de 50 centimes, ne sera reçu sans reconnaissance portant le timbre de l'ambulance. Ce timbre devrait être ainsi conçu :

COMITÉS RÉPUBLICAINS

—

AMBULANCE

rue Turbigo, 78.

—

JUSTICE ET LIBERTÉ.

Remarquez bien que ce n'est pas plus l'ambulance des délégués que la mienne, que la vôtre, que celle du IIIe arrondissement, c'est une *ambulance coopérative* qui a pour soutiens tous les socialistes des vingt arrondissements, et pour patrons les Comités républicains.

Par ces façons de procéder, tout ce qui serait encaissé ou recueilli deviendrait la propriété exclusive de l'ambulance du Comité, et aucun pouvoir étranger n'aurait à intervenir, car ce serait un contrat personnel et signifié.

C'est à cette condition seulement et avec une comptabilité commerciale rigoureuse, que le Comité central républicain acquerra sa force et sa liberté d'action.

Comptabilité. Voici, je crois, la plus simple expression de la comptabilité :

(C) *Caisse.*
Doit : Argent reçu (dons ou quêtes).
Avoir : Argent dépensé (installation, employés).
(M) *Meubles et ustensiles.*
Doit : Mobilier, linge prêtés.
Avoir : Objets rendus aux coopérateurs.
(P) *Profits et pertes.*
Doit : Charpie, linge, comestibles donnés.
Avoir : Charpie, linge, comestibles employés.

(L) *Liasse* de tous les papiers de quelque signification : lettres, factures, quittances, etc., chacun portant l'estampille du Comité avec un numéro d'ordre.

Comme livre auxiliaire, il serait bon d'avoir un *répertoire alphabétique* où seraient consignés tous les noms des fournisseurs, coopérateurs directs ou indirects, avec renvois aux sections désignées C, M, P, L.

Si les sommes recueillies dépassaient le montant du détail estimatif qui précède et les besoins de cette première ambulance, la caisse de l'*ambulance Turbigo* deviendrait le trésor des ambulances des Comités républicains, et on pourrait alors en établir une seconde, une troisième, dans des locaux ou sur des emplacements choisis par le Comité central.

RÉCAPITULATION :

Personnel.	480 f. 00
Chauffage et éclairage.	220 00
Salle de pansement et blanchissage.	260 00
Pharmacie et chirurgie.	550 00
Blessés.	1,600 00
Économat.	90 00
Total.	3,200 00

Paris, 20 septembre 1870.

L. G. D.

INGÉNIEUR-DRAINEUR.

Paris. — Typ. A. PARENT, rue Monsieur-le-Prince, 31.

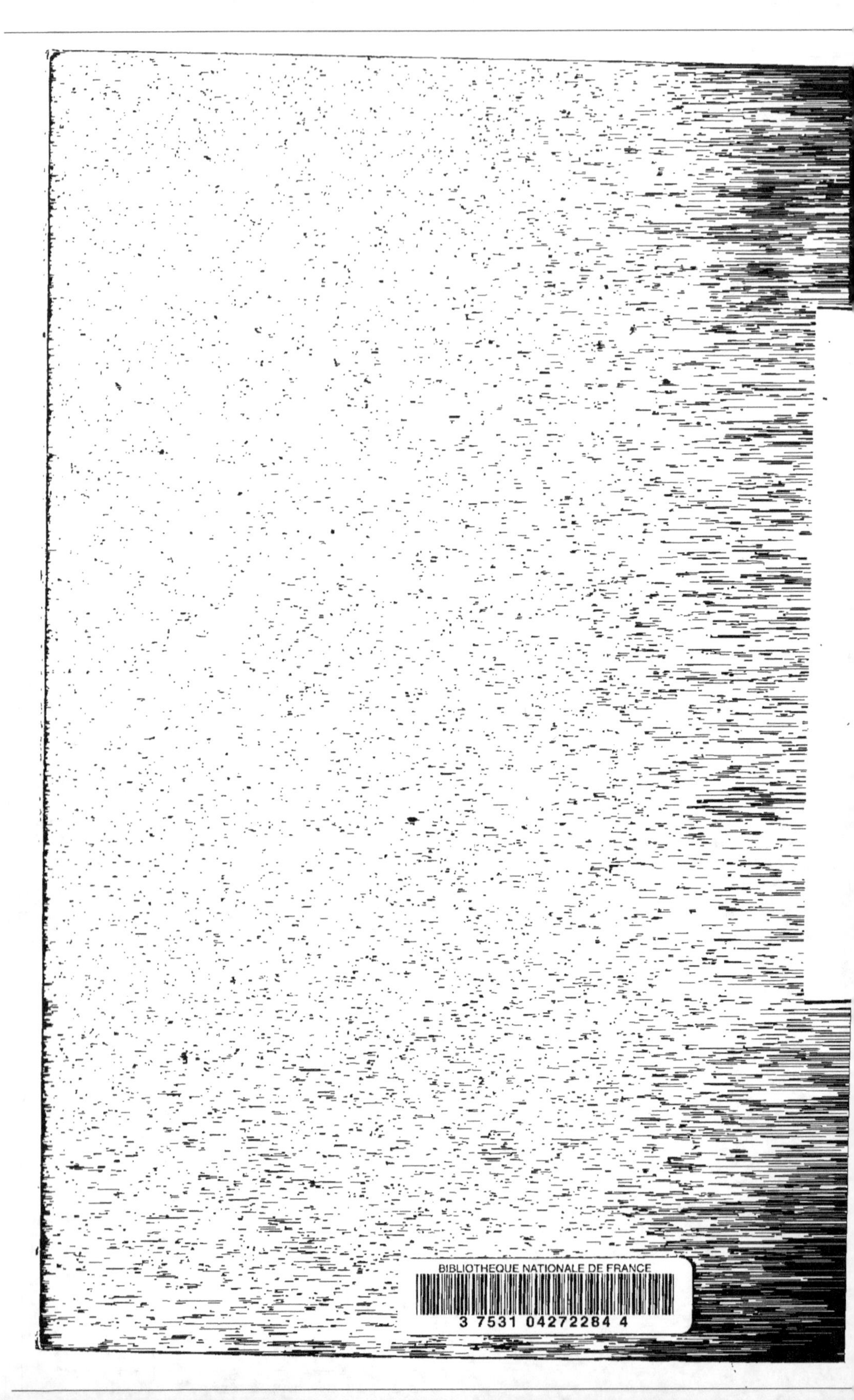

BIBLIOTHEQUE NATIONALE DE FRANCE
3 7531 04272284 4